Alexander Steffensmeier wurde 1977 in Ostwestfalen geboren. Er studierte an der Fachhochschule Münster Design mit dem Schwerpunkt Illustration und lebt heute als freier Autor in der Fahrradstadt. Seine Bilderbücher über die Kuh Lieselotte sind längst zu Bestsellern geworden.

Weitere Informationen zum Kinder- und Jugendbuchprogramm der S. Fischer Verlage finden Sie unter www.fischerverlage.de

Aus Verantwortung für die Umwelt hat sich der Fischer Kinder- und Jugendbuch Verlag zu einer nachhaltigen Buchproduktion verpflichtet. Der bewusste Umgang mit unseren Ressourcen, der Schutz unseres Klimas und der Natur gehören zu unseren obersten Unternehmenszielen.

Gemeinsam mit unseren Partnern und Lieferanten setzen wir uns für eine klimaneutrale Buchproduktion ein, die den Erwerb von Klimazertifikaten zur Kompensation des CO_2-Ausstoßes einschließt.

Weitere Informationen finden Sie unter www.klimaneutralerverlag.de

FSC www.fsc.org MIX Papier aus verantwortungsvollen Quellen FSC® C043106

Für Jan,
auch wenn der noch gar nicht weiß,
was eine Widmung überhaupt ist.

6. Auflage 2020

Erschienen bei FISCHER Sauerländer

Die Miniausgabe der Originalausgabe, erschienen erstmals bei Sauerländer 2012

Umschlaggestaltung und Satz: Norbert Blommel, MT-Vreden
Druck: Grafisches Centrum Cuno GmbH & Co. KG, Calbe
Printed in Germany
ISBN 978-3-7373-6004-3

Lieselotte im Schnee

Alexander Steffensmeier

SAUERLÄNDER

In der Zeit vor Weihnachten war die Kuh Lieselotte
morgens beim Melken besonders ungeduldig.
Schließlich gab es noch so viel anderes zu tun!
Lieselotte war nämlich keine gewöhnliche Kuh.
Nein, Lieselotte war eine ...

1
3 2
5 4

... Postkuh

Und weil sich die Leute zu Weihnachten
immer sehr viele Briefe
und Pakete schicken,
hatten Lieselotte und der Postbote
zurzeit alle Hände und Hufe voll zu tun.

Heute, an Heiligabend,
dauerte es besonders lange.
»So, das war's. Wir machen Feierabend«,
sagte der Postbote erschöpft.
Verwundert schaute Lieselotte auf die Pakete, die noch in ihrer Tasche waren.
»Die kannst du mitnehmen.
Das sind Geschenke für dich und deine Freunde auf dem Bauernhof«,
sagte der Postbote und schwang sich auf seine Skier.
»Komm gut nach Hause. Vielleicht schaue ich heute Abend
noch auf einen Weihnachtspunsch vorbei.«

Als der Postbote außer Sichtweite war,
stapfte Lieselotte aufs Feld,
weil sie dringend mal musste.

Der Postbote dachte beim Nach-Hause-Sausen
stolz an die Geschenke,
die er Lieselotte mitgegeben hatte.

In den letzten Wochen war der Postbote auch nach Feierabend noch fleißig gewesen.

Für Lieselotte hatte er eine große Kuhglocke gemacht ...

Die Ziege sollte ein neues Halsband bekommen.

... für die Bäuerin einen Kaffeekannenwärmer bestickt und eine schicke Lavalampe bestellt.

Für den Hofhund gab's einen gemütlichen Korb
und Schokoplätzchen
für die Schweine.

Dem kleinen Pony hatte er eine
gestreifte Satteldecke gestrickt ...

... und einen
Mistelzweig
hatte er auch
besorgt.
Für alle Fälle.

Lieselotte hatte inzwischen alles erledigt.
Höchste Zeit, sich auf den Nachhauseweg zu machen.
Aber wo war der Weg? Der Weg war weg!

Sie musste im Kreis gelaufen sein.

Das sollte ihr nicht noch einmal passieren.
Ab jetzt lief Lieselotte nur noch geradeaus.

Und zwar ganz genau geradeaus.

Bis es plötzlich nicht mehr weiterging.

Während Lieselotte leichthufig den Fluss überquerte,
dämmerte es schon.
Wenn sie nicht bald nach Hause fand,
würde sie die Weihnachtsnacht
im Freien verbringen müssen.

Inzwischen war es
dunkel geworden.

Und unheimlich.

Schnell weg von hier!

Was war das? Vor Lieselotte stand plötzlich ein riesiges Monster mit weit aufgerissenem Rachen und wackelte mit seiner großen roten Zunge!

»Muuhuhu!«, rief Lieselotte.

»Was war das?«, sagte die Bäuerin und beeilte sich, ihren Schnürsenkel zu binden. »Machen wir lieber, dass wir nach Hause kommen!«

Mit Mühe kämpfte sich Lieselotte
eine Anhöhe hinauf.
War sie so weit weg von zu Hause?
War sie etwa schon in den Bergen?

Verzweifelt
nahm Lieselotte
noch einmal Anlauf
und ...

... Mouuuuaaa

»Zu Hause ... ZU HAUSE!«,
dachte Lieselotte.

»Geschenke ... GESCHENKE!«,
dachten alle anderen.

»Hört das mit den kaputten Paketen
denn niemals auf?«, seufzte die Bäuerin.
»Und wo bist du so lange geblieben, Lieselotte?
Jetzt haben wir schon ohne dich angefangen,
den Tannenbaum zu schmücken.
Aber komm mit, du darfst auch noch
was dranhängen.«

Alle freuten sich über ihre Geschenke
Besonders Lieselotte über den
praktischen Euterwärmer.
Und der Bäuerin gefiel ihr neuer
Poncho sehr.

Nur der Postbote,
der später am Abend noch
zum Weihnachtspunsch vorbeikam,
wunderte sich.
Aber das versuchte er sich
nicht anmerken zu lassen.